CW01551326

ACTES SUD - PAPIERS
Editorial : Claire David

Actes Sud - Papiers et le Centre dramatique national de Sartrouville se sont associés pour coéditer "Heyoka Jeunesse", une collection de pièces de théâtre qui s'adresse au public de jeunes lecteurs et spectateurs. Ainsi se construit un répertoire théâtral pour la jeunesse.

Illustrations de couverture et intérieur : Benjamin Bachelier
Maquette : Maud Cornu

© ACTES SUD/Théâtre de Sartrouville - CDN, 2005
ISSN 0298-0592   ISBN 978-2-7427-5657-5

LE PETIT CHAPERON UF

Un conte du bon vieux temps…

théâtre

Jean-Claude Grumberg

Illustrations de Benjamin Bachelier

Collection "Heyoka Jeunesse"

à Serge Kribus

Le Petit Chaperon Uf

Un conte du bon vieux temps ?

Connaître l'histoire, les histoires, la vraie Histoire, à quoi
cela sert-il ? Sinon à alerter les chaperons d'aujourd'hui,
à avertir les enfants que la liberté de traverser le bois pour
porter à sa mère-grand un pot de beurre et une galette
n'est jamais définitivement acquise… Cette liberté appartient
à chacun et à tous. Hier ce furent les enfants Ufs et Oufs,
ainsi que leurs parents et grands-parents, qui durent fuir,
se cacher, changer de noms et de papiers afin d'échapper
aux griffes du loup. Un temps pas si vieux et pas si bon
où des loups de noir ou de vert vêtus pourchassaient des
petits enfants – dont l'auteur faisait partie –, les obligeant
à porter du jaune afin d'être facilement
reconnaissables. Leur interdisant l'accès
aux squares, aux piscines ou aux théâtres
avant de casser les portes de leurs parents,
de dévorer leurs pères et mères-grand, ainsi
que des millions d'autres petits enfants ou adultes,
simplement parce qu'ils étaient nés Ufs ou Oufs.

Demain, si l'on n'y prend garde, les loups s'attaqueront
peut-être aux enfants Ifs ou Gnifs ou Gnoufs,
les loups eux seront toujours les loups et vous savez
comme ils savent dissimuler leur bave et leurs
grandes dents sous de belles et trompeuses paroles
avant de se mettre à hurler et à mordre.
Mais pour l'instant, place au conte, au théâtre et à la vraie
histoire du Petit Chaperon Uf. Ou Ouf.

Jean-Claude Grumberg,
septembre 2005.

Personnages

Wolf, loup déguisé en caporal,
parle français avec accent loup

Le Petit Chaperon

La voix de sa mère-grand

Un tabatier

Un policier

Scène 1

A l'orée d'un bois, non loin d'un village.
Un loup déguisé en garde municipal s'adresse au public.

LE LOUP

Bonjour, bonsoir petits enfants, ici votre vieil oncle Wolf qui raconte histoire bon vieux temps, histoire Petit Chapereron reron… Chaperereuu aaaaah ! Histoire Petit Capuchon. Vous connaître ? Ça fait rien, Wolf raconte quand même. Silence fixe repos ! Wolf commence. Il y avait une fois non pas marchande foi dans ville de Foix il y avait une fois petite fille village, tiens elle, arrive…

Paraît le Petit Chaperon vêtu de rouge qui s'adresse au public.

PETIT CHAPERON

Bonjour bonjour je suis une petite fille de village toujours vêtue de rouge si bien que tout le monde au village m'appelle le Petit Chaperon…

WOLF
(l'interrompant)

Papapapapapapapapapa pardon Petit Capuchon !

PETIT CHAPERON

Bonjour monsieur.

WOLF
(portant une main à sa visière)

Caporal Wolf.

PETIT CHAPERON

Enchantée, Chaperon Rouge.

WOLF

Document !

PETIT CHAPERON

Comment ?

WOLF

Document ! Papiers papirs laissez-passer ausweis permis séjour carte immatriculation passeport carte grise verte bleue ! Exécution !

PETIT CHAPERON

Pourquoi ? Je passe ici tous les jours on me demande jamais rien.

WOLF

Aujourd'hui montre document tonton Wolf.

PETIT CHAPERON

Pourquoi ?

WOLF

Parce que loi.

PETIT CHAPERON

Loi ?

WOLF

Loi dit montre document, exécution rapide fixe repos !

PETIT CHAPERON

Et c'est la loi depuis quand ?

WOLF

Ce matin.

PETIT CHAPERON

Ah bon, tenez.

WOLF

Aaaaaaaaaaaaaaah ! Qu'est-ce que Wolf voit là ?

PETIT CHAPERON

Mon document.

WOLF

Exact, oui. Et Wolf voit quoi sur document ?

PETIT CHAPERON

Ma photo.

WOLF

Ouiiiiii, photo jolie, très jolie.

PETIT CHAPERON

Merci.

WOLF

Pas de quoi, et quoi encore Wolf voit ?

PETIT CHAPERON

Mon nom et mon adresse.

WOLF

Oui, oui, je note, je note, nom adresse. Petit Capuchon vit encore chez papa maman ?
(Elle approuve.
Il griffonne sur son carnet.)
Je note. Et quoi voir Wolf encore sur document à toi ?

PETIT CHAPERON

Ma date de naissance.

WOLF

Exact, exact, absolu exact, date de naissance, je note. Et dans ce coin là là-haut que voit Wolf ?

PETIT CHAPERON

Je sais pas.

WOLF

Petit Capuchon sait lire ?

PETIT CHAPERON

Les grosses lettres et les petites aussi quand elles sont pas attachées.

WOLF

Là quelle lettre ?

PETIT CHAPERON

U.

WOLF

U…, oui, alors ?

PETIT CHAPERON

Alors quoi ?

WOLF

Si U là alors toi Uf.

PETIT CHAPERON

Moi quoi ?

WOLF

Uf ! Si U sur document toi Uf !

PETIT CHAPERON

Et c'est quoi Uf ?

WOLF

Uf c'est Uf. Sur document Wolf personnel pas U là. Wolf pas Uf.

PETIT CHAPERON

Et y a quoi à la place du U sur document Wolf ?

WOLF

Rien.

PETIT CHAPERON

Rien ?

WOLF

Seuls Ufs ont U et Oufs O.

Silence.

PETIT CHAPERON

C'est quoi encore Ouf ?
(Le loup se pince le nez comme si ça sentait mauvais.)
Uf aussi ?
(Elle se pince le nez. Wolf approuve.
Silence.)
Bon ben alors je suis Uf, tant pis, pardon, merci pour le renseignement, bonjour chez vous, au revoir.

WOLF

Rapapapapapapapapapapa. Pas si vite, pas si vite.

PETIT CHAPERON

Je suis pressée.

WOLF

Uf peut pas porter capuchon rouge.

PETIT CHAPERON

Pourquoi ?

WOLF

Rouge interdit Uf. Uf doit porter capuchon jaune.

PETIT CHAPERON

Pourquoi ?

WOLF

Parce que jaune couleur Uf.

PETIT CHAPERON

Pourquoi ?

WOLF

Loi.

PETIT CHAPERON

C'est quoi loi ?

WOLF

Loi c'est loi. Et moi cabot heu caporal-chef Wolf ouah ouah ouah ouah ! Police parc jardin bois doit faire respecter loi dans parc jardin bois. Loi dit pas rouge pour Uf. Toi enlever ça !

PETIT CHAPERON

Non mais ça va pas ! Lâchez-moi ! Moi si j'aime le rouge ?

WOLF

Rouge réservé.

PETIT CHAPERON

Réservé à qui encore ?

WOLF

Non-Ufs portent rouge. Ufs jaune.
(Il arrache le capuchon rouge du Petit Chaperon et lui jette un horrible capuchon jaune.)
Jaune couleur Uf !

PETIT CHAPERON

Mais pourquoi à la fin des fins ?

WOLF

Calme, calme Petit Capuchon Uf, Ufs porter jaune pour que non-Ufs reconnaissent Ufs.

PETIT CHAPERON

Et pourquoi les non-Ufs devraient reconnaître les Ufs ?

WOLF

Parce que loi dit non-Ufs reconnaître Ufs.

PETIT CHAPERON

Il est tout mité votre capuchon jaune.

WOLF

Spécial Ufs.

PETIT CHAPERON

En plus il est tout sale.

WOLF

Ufs sales, très toujours.

PETIT CHAPERON

Non non, c'est pas vrai, mon rouge est tout propre, ma maman vient de le laver.

WOLF

Capuchon rouge confisqué.

PETIT CHAPERON

Eh ben moi je veux pas mettre celui-là. Je veux le mien.

WOLF

Silence, fixe, pas touche, garde-à-vous, repos ouah ouah ouah ouah ! Qu'est-ce que Wolf voit dissimulé sous capuchon ?

PETIT CHAPERON

Quoi encore ?

WOLF

Petit panier ?

PETIT CHAPERON

Oui petit panier et alors ?

WOLF

Qu'est-ce que mademoiselle Uf transporte dissimulé dans petit panier osier ?

PETIT CHAPERON

Un petit pot de beurre et une galette pour ma mère-grand.

WOLF

Tatatatatatatatatata pas si vite ! Montrer petit pot.

PETIT CHAPERON

Pourquoi ?

WOLF

Oncle Wolf vérifie nature marchandise.

PETIT CHAPERON

C'est du beurre, rien que du beurre, tout jaune couleur Uf.

WOLF

Tatatatatatatatatatata momentito caporal Wolf doit regarder dans code Uf.
(Il feuillette son code.)
Bâton… bière… béton… beurre… ! Beurre ! Interdit Ufs.
(Il rit de plaisir.) Ah ah ah ! Interdit ! Beurre confisqué.
Il arrache le petit pot puis met le doigt dans le beurre.

PETIT CHAPERON

Mais pourquoi vous fourrez votre doigt dans mon beurre ?

WOLF
(lèche son doigt)
Le caporal-chef Wolf…
(Il retrempe son doigt et le resuce pensivement.)
… vérifie.

PETIT CHAPERON

Vérifie quoi ?

WOLF

Si petite Uf n'a pas caché or saphir diamant…

PETIT CHAPERON

Or saphir diamant ?

WOLF

Dans beurre. Ufs toujours cacher or saphir diamant partout.
Il retrempe son doigt, touille dans le beurre, puis avale tout le reste.

PETIT CHAPERON

Non non ! Arrêtez ! C'est pour ma mère-grand.

WOLF

Silence ! Beurre interdit Ufs, beurre confisqué petit pot avec.

PETIT CHAPERON

Non non mais ça va pas ça ça va pas ! J'appelle la police ! Police ! Police !

WOLF

Tatatatatatatatata calme, calme. Moi police. Regarde gentille mademoiselle Uf inscrit là dans code beurre – pardon erreur – dans code Uf rubrique beurre : beurre interdit Ufs même beurre salé.

PETIT CHAPERON

Ils ont le droit d'étaler quoi alors les Ufs sur leurs tartines ?

WOLF

Schmalz.

PETIT CHAPERON

Quoi ?

WOLF

Schmalz, saindoux, graisse cochon, marmelade colza, huile foie de morue, topinambours écrasés. Maintenant examen galette.

PETIT CHAPERON

Non non non non non, pas galette, bas les pattes, bas les pattes, bas les pattes ! C'est pour ma mère…

WOLF

(approuvant en la coupant)
Mère-grand, Wolf comprend.

PETIT CHAPERON

C'est ma maman qui l'a faite.

WOLF

Wolf juste goûter.

PETIT CHAPERON

Non non non non non, pas goûter.

WOLF

Vérification.

PETIT CHAPERON

Vérification quoi ? Quoi vérification ?

WOLF

Avec quoi maman petite Uf fait galette ?

PETIT CHAPERON

C'est une galette tout ce qu'il y a d'honnête.

WOLF

Faite avec beurre ?

PETIT CHAPERON

Non non non non non, sans beurre, sans beurre.
(Silence.)
Ma mère-grand m'attend, elle a pas mangé depuis…

WOLF

Wolf non plus pas mangé depuis… Tatatatatatatatatatata.
Uf aime discutailler toujours, silence fixe repos.
(Il casse un bout de galette.)
Tout petit bout, juste goûter.
*(Il savoure le bout de galette qui n'est pas si petit que cela,
puis…)*
Ah ah ah ah ah ah ah ah, Wolf fort, très très fort !
Il claque la langue plusieurs fois.

PETIT CHAPERON

Très glouton oui. Rendez-moi ma galette.

WOLF

Halte stop silence fixe repos ! Wolf vérifie encore.
(Il recroque dans la galette, puis tout en mâchant.)
Galette beurre froment, beurre interdit froment réservé
inscrit dans code…
Il brandit le code.

PETIT CHAPERON

Les Ufs doivent faire galette avec quoi dans code ?

WOLF

Sarrasin, blé noir, kacha, topinambour, huile moteur.

PETIT CHAPERON

Œufs et sucre quand même ?

WOLF

Œuf interdit Ufs, sucre réservé non-Ufs.
(Il finit la galette précipitamment.)
Ouah ouah ouah ouah miam miam. Maman petite Uf bonne cuisinière très bonne, si si, félicitations.

PETIT CHAPERON

Merci.

WOLF

Pas de quoi, plaisir pour moi.

PETIT CHAPERON

Qu'est-ce que je vais apporter à ma mère-grand, elle m'attend, elle a faim.

WOLF

Où habite mère-grand ?
(Long et lourd silence.
Wolf reprend.)
Où habite mère-grand ?

PETIT CHAPERON

C'est un secret.

WOLF

Pas de secret pour Wolfie.

PETIT CHAPERON

Papa maman m'ont dit de le dire à personne.

WOLF

Papa maman Ufs aussi ?

PETIT CHAPERON

Je crois pas.

WOLF

Si si si si si si si, si toi Uf, eux Ufs.

PETIT CHAPERON

C'est comme ça que ça marche ?

WOLF

Si eux Ufs, mère-grand Uf itou.

PETIT CHAPERON

Pardon ?

WOLF

Uf aussi. Où habite mère-grand ?

PETIT CHAPERON

C'est un secret je vous dis.
(Silence.)
Elle habite plus là où elle habitait avant.

WOLF

Elle se cache ?

PETIT CHAPERON

Voilà.

WOLF

Pourquoi elle se cache ?

PETIT CHAPERON

Je sais pas.

WOLF

Pour jouer ?

PETIT CHAPERON

Peut-être.

WOLF

Wolfie veut jouer avec mère-grand petite Uf capuchon jaune. Toi savoir où se cache mère-grand ?

PETIT CHAPERON

Bien sûr puisque j'y vais et qu'elle m'attend.

WOLF

Petite Uf traverser bois ?

PETIT CHAPERON

Voilà.

WOLF

Autre côté du bois mère-grand cachée ?

PETIT CHAPERON

Voilà et elle ouvre à personne sauf à moi, na.

WOLF

Ah ah ah ah ah… toi sais quoi ? Wolf trouver toi très mignonne très élégante avec petit capuchon jaune caca d'oie fourni gracieusement par gouvernement à moi.

PETIT CHAPERON

Qu'est-ce que vous allez faire de mon capuchon rouge ?

WOLF

Parents à toi venir récupérer capuchon demain, Wolf envoyer gardiens avec convocation adresse petite Uf. Parents petite Uf pas cachés ?

PETIT CHAPERON

Ils n'ont pas le temps de jouer ils travaillent.

WOLF

Travail fini pour Ufs.

PETIT CHAPERON

Pourquoi ça ?

WOLF

Ufs interdits travail.

PETIT CHAPERON

Et comment Ufs vivre ?

WOLF

Ufs toujours débrouillards trafics tralala tout ça.

PETIT CHAPERON

Bon, monsieur Wolf…

WOLF

Wolf, caporal Wolf.

PETIT CHAPERON

Je dois partir, mère-grand m'attend, elle a rien mangé depuis longtemps et elle doit se faire du mouron pour moi.

WOLF

Mouron pour petits oiseaux pas pour Ufs ! Ah ah ah ah ah ah ah ah ! Mauvais pas manger, vieille Uf fragile, alors nous faire très vite, petit jeu de piste, petite Uf prendre là…

PETIT CHAPERON

Mais c'est plus court par là.

WOLF

Par là interdit Ufs.

PETIT CHAPERON

Pourquoi ?

WOLF

Réservé non-Ufs.

PETIT CHAPERON

Pourquoi ?

WOLF

Parce que grand arbre majestueux bord chemin, pas prendre par là, Ufs prendre sentier caillouteux avec arbres rabougris, ronces, saules pleureurs, chardons, végétation spéciale Ufs. Toi et moi faire course et le premier arrivé bouffe euh ! réveille mère-grand.

PETIT CHAPERON

Très bien, mais comme Wolf caporal ne sait même pas où se cache mère-grand…

WOLF

Absolument, absolument, petite Uf très intelligente, Ufs intelligents, tous, très très.

PETIT CHAPERON

Vous ne savez ni où elle habite ni le code pour qu'elle vous ouvre la porte.

WOLF

Alors ?

PETIT CHAPERON

Alors quoi ?

WOLF

Alors on ne peut pas faire course ?

PETIT CHAPERON

Non.

WOLF

Wolf triste.

PETIT CHAPERON

Pourquoi Wolf triste ?

WOLF

Parce que petite Uf mignonne pas vouloir jouer avec oncle Wolfie, ouah ouah ouah ouah…
Silence.

PETIT CHAPERON

C'est papa maman qui m'ont dit de le dire à personne.

WOLF

Tatatatatatatatatata papa maman Ufs très sages, petite Uf doit dire à personne où se cache mère-grand, secret secret secret, mais oncle Wolf protège papa maman Petit Capuchon et mère-grand, Wolf oncle Wolf gardien parc jardin bois espaces verts, Wolf protecteur veuve orphelin nature, devise Wolf "Nature Loi Patrie Respect". Wolf, oncle Wolf jure lui jamais répéter adresse mère-grand.
Il crache puis lève la main droite ouverte très haut.
Silence.

PETIT CHAPERON

A la sortie du bois il y a un petit café-tabac…

WOLF

Café-tabac interdit Ufs.

PETIT CHAPERON

Ben j'y vais tous les jours acheter du tabac à chiquer pour mère-grand.

WOLF

Wolf fermer les yeux, Wolf aime beaucoup petite Uf. Mère-grand habite café-tabac ?

PETIT CHAPERON

Il ne faut pas le dire…

WOLF

Non non, tatatatatatatata, juré !
Il recrache et redresse le bras.

PETIT CHAPERON

A personne !
Wolf se ferme la bouche d'un de ses gros doigts.

PETIT CHAPERON

Juste derrière le tabac il y a une petite maison où avant le tabatier stockait son tabac…

WOLF

Maintenant tabatier stocke Ufs ?

PETIT CHAPERON

Il a loué son débarras à mère-grand.

WOLF

Ah ah vite course ! Cinq quatre trois deux… Stop. Comment petite Uf entre chez mère-grand ?

PETIT CHAPERON

Je cogne à la porte.

WOLF

Juste cogne ?

PETIT CHAPERON

Sur l'air de *J'ai du bon tabac.*

WOLF

"J'ai du bon tabac" ?

PETIT CHAPERON

Non, "J'ai du bon tabac".

WOLF

Uf douée pour musique, Wolf pas doué, ouah ouah ouah ouah !

PETIT CHAPERON

J'ai du bon tabac ta ta ta ta ta ta !

WOLF

Ta… ta… ta…

PETIT CHAPERON

Non, pas ta… ta… ta…, ta ta ta ta ta ta !

WOLF

Seconde, seconde.
(Il feuillette le code Uf.)
J'ai du bon tabac, chanson autorisée Ufs, interdite Oufs. Tabac interdit Ufs et Oufs. Bon, course maintenant. Le premier arrivé manger euh donne manger mère-grand.

PETIT CHAPERON

Mais quoi ? Vous avez mangé toute sa galette et son petit pot de beurre.

WOLF

Ah ah grave problème. Petite Uf plus rien pour mère-grand ?

PETIT CHAPERON

Plus rien.

WOLF

Moi fouiller.

PETIT CHAPERON

Fouiller ?

WOLF

Fouiller petite Uf.

PETIT CHAPERON

Non mais ça va pas ! Bas les pattes gros dégueulasse !

WOLF

Moi faire devoir, strict devoir, moi appliquer loi.

PETIT CHAPERON

Avec tes gros doigts sur moi ?

WOLF

Qu'est-ce que ça ?

PETIT CHAPERON

Petit pot.

WOLF

De quoi ?

PETIT CHAPERON

Marmelade.

WOLF

Pour mère-grand ?

PETIT CHAPERON

Non, pour moi.

WOLF

Stop fixe vérification.
(Il feuillette fébrilement le code Uf.)
Marmelade de quoi ?

PETIT CHAPERON

Marmelade de coings.

WOLF

Coins ?

PETIT CHAPERON

Coings.

WOLF

Coins interdits ! Ufs toujours se tenir centre mains sur tête.
Marmelade coins strictement interdit. Ah ah ah ah terrible
terrible…

PETIT CHAPERON

Quoi ?
Silence.

WOLF

Loi terrible pour Ufs, Wolf triste mais loi loi devoir devoir.
Marmelade confisquée.

PETIT CHAPERON

Qu'est-ce que les Ufs et surtout ma mère-grand ont le
droit de manger ?
Wolf mange la marmelade d'un air pensif puis soudain.

WOLF

Wolf trouver quoi. Wolf pas laisser sans manger mère-grand. Allez course, cinq quatre trois deux…

PETIT CHAPERON

Si c'est moi qui arrive avant j'ai le droit de lui acheter quoi ?

WOLF

Argent sur toi petite Uf ?

PETIT CHAPERON

Petite monnaie.

WOLF

Fais voir.

PETIT CHAPERON

Je sais pas où je l'ai mise.
Wolf glisse sa main pleine de marmelade dans la poche du gilet du Petit Chaperon.

WOLF

Monnaie interdite réservée non-Ufs. Monnaie confisquée billets aussi, moi faire reçu.
Il glisse la monnaie et les billets dans sa poche.

PETIT CHAPERON

Et mon reçu ?

WOLF

Chez mère-grand. Chez mère-grand ! Course ! Le premier arrivé réveille mère-grand ! Ouah ouah ouah ouah ouah ! Et attend l'autre ! Ouaaaaaaaaaaaaaaaaaah !
Il s'engage en courant sur le chemin réservé aux non-Ufs tandis que le Petit Capuchon Jaune s'engage sur le chemin caillouteux.

Scène 2

La carotte rouge du tabac éclabousse d'une lueur rougeâtre la petite porte de la remise.
Wolf, hors d'haleine, touche la porte, regarde autour de lui, et laisse éclater sa joie.

WOLF

Premier ! Ouah ouah ouah ouah ouah ouah ouah !
(Il lève les bras en l'air en signe de triomphe, saluant la foule à la ronde. Il se jette sur la porte et y pianote le code.)
Tatatatatata !

LA VOIX DE MÈRE-GRAND

Qu'est-ce que c'est ?

WOLF

J'ai du bon tabac.

LA VOIX DE MÈRE-GRAND

Je m'en fous je fume plus.
Wolf re-pianote.

WOLF

Tatatatata.

LA VOIX DE MÈRE-GRAND

Ça suffit maintenant.

WOLF
(contrefaisant sa voix)
Moi Petit Capuchon à toi.

LA VOIX DE MÈRE-GRAND

Toi quoi à moi ?

WOLF

Petit pot de beurre galette.

LA VOIX DE MÈRE-GRAND

Connais pas.

WOLF

Toi mère-grand ou pas ?

LA VOIX DE MÈRE-GRAND

Y a personne.

WOLF

Qui répond ?

LA VOIX DE MÈRE-GRAND

Personne on te dit. T'es sourd ou quoi ?

WOLF

Où mère-grand ?

LA VOIX DE MÈRE-GRAND

Dans sa culotte !

WOLF

Qui répondre à Petite Capuchon ?

LA VOIX DE MÈRE-GRAND

Je connais pas Petite Capuchon.

WOLF

Petite Chaperrrerere ron ron ron ron ron.

LA VOIX DE MÈRE-GRAND

Bon ça va comme ça, je sais ce que vous voulez salopard, foutez le camp ou j'appelle la police !

WOLF

(soudain hors de lui)

Mère-grand Uf si toi pas ouvrir porte caporal-chef Wolf casser porte et cabane ! Compris ?
(Silence.
Peut-être entendrons-nous mère-grand chantonner J'ai du bon tabac *?)*
Moi casser tout !
(Il prend son élan et se jette sur la porte la tête la première, la porte résiste, il se fait mal et tombe en arrière.)
Ouah ouah ouah ouah ouah !
Aïe aïe aïe aïe aïe aïe aïe aïe aïe !

LA VOIX DE MÈRE-GRAND

Le tabatier a tout blindé, tu vas te casser la bobinette.
*Wolf de rage frappe le bas de la porte de ses pattes du bas
puis le haut avec ses pattes du haut, il se fait encore très mal.*

WOLF

Aïe aïe aïe aïe aïe aïe aïe !
Surgit le tabatier.

LE TABATIER

Eh eh ! Ça va pas ! Qu'est-ce qui se passe ici, vous voulez
casser ma porte ou quoi ?

WOLF

Caporal-chef Wolf.

LE TABATIER

Marchand de tabac Laurent.

WOLF

Document !

LE TABATIER

Pardon, connais pas.

WOLF

Document papir ausweis carte !
Le tabatier comprend et sort précipitamment sa carte.

LE TABATIER

Voilà voilà, qu'est-ce qui se passe encore ?

WOLF
(après un rapide coup d'œil)
Toi pas U dessus.

LE TABATIER

Moi pas quoi ?

WOLF

Toi pas Uf ni Ouf.

LE TABATIER

Moi Laurent Paul, tabatier, caporal.

WOLF

Toi caporal ?

LE TABATIER

Non, toi.

WOLF

Silence fixe repos !
Toi abriter mère-grand dans remise tabac ?

LE TABATIER

J'ai loué à une vieille dame, oui, mais j'ai enlevé le tabac.

WOLF

Vieille dame Uf ?

LE TABATIER

C'est très propre hein vous savez, j'ai tout nettoyé.

WOLF

Interdit non-Ufs louer ou cacher Ufs.

LE TABATIER

Pardon ? Quelle langue vous me causez au juste ?

WOLF

Téléphone ?

LE TABATIER

Téléphone ? Oui au tabac téléphone cabine, mais si vous voulez entrer là c'est facile…

WOLF

Wolf sait juste taper *J'ai du bon tabac* mais Wolf pas bon rythme pas musicien. Ufs musiciens.

LE TABATIER

Non non, il faut juste tirer la chevillette et la bobinette choit.

WOLF

Toi foutre ma bobinette à moi, moi foutre toi au trou. Moi mettre U sur document toi !

LE TABATIER

Mettre U ?

WOLF

Ferme toi gueule !

Scène 3

Dans le bureau de tabac.

WOLF
(au téléphone)

Allô allô, brigade anti-Ufs, caporal-chef Wolf, Wolf police parc jardin bois défense nature urgence vous venir rafler tabatier, saisir marchandises tabac allumettes… Non lui pas Uf, lui pire, lui cacher vieille Uf, mère-grand, oui… vous vite venir, Petit Capuchon arriver. Vous ramasser tabac tabatier mère-grand et Petit Capuchon… Affirmatif… Affirmatif… papa maman Petit Capuchon aussi, j'ai adresse. OK. OK. OK.

Wolf raccroche et se frotte les mains.
Apparaît le Petit Capuchon Jaune très en colère.

WOLF
(très fier)

Wolf premier. Petite Uf dernière.

PETIT CHAPERON

Je m'en fous, je veux que tu me rendes mon capuchon rouge.

WOLF

Ah impossible, interdit.

PETIT CHAPERON

Non non, je joue plus, je veux plus être le Petit Capuchon Uf ou Jaune, je veux être dans la vraie histoire.

WOLF

Tu es dans la vraie histoire.

PETIT CHAPERON

Non non, dans la vraie histoire du Petit Chaperon Rouge, la jolie histoire, celle qui fait pas peur et que tout le monde comprend. C'est dans celle-là que je veux être.

WOLF

Bon ben comment on fait alors ?

PETIT CHAPERON

On arrête tout et je raconte aux petits enfants la véritable histoire du Petit Chaperon Rouge sans Ufs ni Oufs.

WOLF

Bon ben raconte.
Wolf s'installe, ôte son masque de loup et écoute.

PETIT CHAPERON

Alors voilà, il était une fois une petite fille de village qui s'appelait le Petit Chaperon Rouge parce qu'elle était toujours vêtue de rouge. Un jour qu'elle devait apporter à sa mère-grand un petit pot de beurre et une galette elle croise dans le bois un loup, euh… Le loup prend un raccourci, arrive chez la mère-grand, se fait passer pour le Petit Chaperon et croque la mère-grand. Puis il se met au lit puis attend le Petit Chaperon.

WOLF

Et quand le Chaperon arrive le loup la croque.

PETIT CHAPERON

Oui oui oui oui oui, mais après c'est pas fini, des gentils messieurs…

WOLF

Quels gentils messieurs ?

PETIT CHAPERON

Des chasseurs de loups tuent le loup, lui ouvrent le ventre et font sortir mère-grand et le Petit Chaperon qui leur dit : "Si vous saviez ce qu'on est mal à son aise dans un ventre de loup !"

WOLF

Pas du tout, pas du tout, le conte s'arrête quand le loup croque le Chaperon Rouge, point à la ligne.
Bref silence.

PETIT CHAPERON

Oui mais dans la vraie vraie vraie histoire une fois dans le ventre du loup le Petit Capuchon Chaperon monte sur les épaules de sa mère-grand et quand le loup dort sort tout doucement par sa bouche, et puis après tire sa mère-grand, et puis après elles appellent la police et le loup est pris et enfermé dans une cage.

WOLF

Je ne crois pas que ce soit ça la véritable histoire.

PETIT CHAPERON

Si si si si si, ça c'est la vérité, la vérité, en plus je l'ai vu.

WOLF

Qui ?

PETIT CHAPERON

Le loup.

WOLF

Où ça ?

PETIT CHAPERON

Au zoo enfermé dans une cage, tout maigre, tout pelé, il tournait en rond sans jamais pouvoir sortir. Bien fait pour lui comme ça il ne pourra plus manger ni mère-grand ni petite fille.
Klaxons de police, un policier apparaît.

LE POLICIER

Où est le tabac ? Où sont les Ufs ?

WOLF

Pas la peine de te fatiguer mon pote, on joue plus.

LE POLICIER

On joue plus ?

WOLF

La pièce est finie.

LE POLICIER

Finie ? On voit pas comment on les embarque alors ?
Ni comment on va chercher papa maman Ufs avec la grande auto ?

WOLF

Non non on s'arrête.

LE POLICIER

On fait pas entrer la grosse voiture de police, on met pas des barbelés partout et tout ça ?

WOLF

Non on te dit !

LE POLICIER

Alors on s'arrête comme ça alors ?

WOLF

Ben oui.

LE POLICIER

Ben c'est pas terrible comme fin… On pourrait faire au moins un peu de musique.

WOLF

Quel genre de musique ?

LE POLICIER

De la musique Uf, les gens adorent ça.

PETIT CHAPERON

D'accord mais pas trop triste hein ?

LE POLICIER

De la musique Uf gaie alors ?

PETIT CHAPERON

Voilà.

Le policier sort son instrument de musique et joue de la musique Uf gaie tandis que le loup et le Petit Chaperon sortent chacun de son côté ou mieux restent en scène et jouent également de la musique Uf pas trop triste.

Fin.

Biographie

Jean-Claude, l'auteur du *Petit Chaperon Uf*, est né dans une famille juive en 1939 à Paris, juste avant le déclenchement de la Seconde Guerre mondiale. Son père, tailleur, et son grand-père, également tailleur mais devenu aveugle, furent déportés en 1942 à Auschwitz-Birkenau. Ils n'en sont pas revenus. A quatorze ans, Jean-Claude apprit le métier de tailleur puis devint comédien et enfin auteur de pièces de théâtre. Plus tard, il écrivit une pièce, *L'Atelier**, dont l'action se déroule après la guerre dans un atelier de tailleur et qui raconte l'attente de sa mère attendant le retour du père et la difficulté d'apprendre dans ces années-là le sens du mot "déporté". Jean-Claude, devenu vieux – bien plus âgé que son père lorsqu'il fut déporté –, consacre beaucoup de son temps à écrire pour la jeunesse, il s'inspire souvent des contes pour enfants, sans doute parce que pendant ces années de guerre, où il vivait caché et sous un faux nom avec son frère aîné, loin de sa mère et de son père, personne n'était là pour lui lire les contes de Perrault ou autres *histoires du bon vieux temps*.

* *L'Atelier*, créé au Théâtre de l'Odéon en 1979, publié aux éditions Actes Sud-Papiers en 1999.

Collection "Heyoka Jeunesse"

Normand Chaurette, *Petit Navire*, 1999.

Joël Jouanneau et Marie-Claire Le Pavec, *Mamie Ouate en Papoâsi*, 1999.

Jean-Claude Grumberg, *Le Petit Violon*, 1999.

Wajdi Mouawad, *Pacamambo*, 2000.

Mike Kenny, *Pierres de gué*, 2000.

Jacques Rebotier, *Les Trois Jours de la queue du dragon*, 2001.

Jean-Claude Carrière, *Le Jeune Prince et la Vérité*, 2001.

Guillaume Le Touze, *Les Nuits de Léo*, 2002.

Jean-Pierre Milovanoff, *Les Sifflets de monsieur Babouch*, 2002.

Gilles Abier, *Le Reflet de Sam*, 2002.

Mohamed Rouabhi, *Jérémy Fisher*, 2002.

Jean-Claude Grumberg, *Marie des grenouilles*, 2003.

Anne Sylvestre, *Méchant !*, 2003.

Joseph Danan, *Les Aventures d'Auren, le petit serial killer*, 2003.

Jean-Claude Grumberg, *Iq et Ox*, 2003.

Joël Jouanneau, *L'Adoptée*, 2003.

Joël Jouanneau, *L'Ebloui*, 2004.

Serge Kribus, *Marion, Pierre et Loiseau*, 2004.

Jean-Claude Grumberg, *Pinok et Barbie*, 2004.

Mike Kenny, *Sur la corde raide* suivi de *L'Enfant perdue*, 2004.

Gérard Wajcman, *Le Voyage de Benjamin*, 2004.

Joël Pommerat, *Le Petit Chaperon rouge*, 2005.

Du même auteur

• Dans la collection Actes Sud-Papiers/"Heyoka Jeunesse"
Le Petit Violon, 1999.
Marie des grenouilles, 2003.
Iq et Ox, 2003.
Pinok et Barbie, 2004.

• Aux éditions Actes Sud-Papiers
Les Autres (1985).
L'Atelier (1985).
L'Indien sous Babylone (1985).
Amorphe d'Ottenburg (1989).
Demain une fenêtre sur rue suivi de *Chez Pierrot* (1990).
Zone libre (1990).
Dreyfus… (1990).
En r'venant d'l'Expo (1992).
Linge sale précédé de *Maman revient pauvre orphelin* (1993).
Maman revient pauvre orphelin suivi de *Commémorations* (1994).
Adam et Eve (1997).
Rêver peut-être (1998).
Sortie de théâtre suivi de *Quatre pièces courtes* (2000).
Le Duel d'après Tchekhov (2002).
L'Enfant Do (2002).

• Dans la collection Babel d'Actes Sud
Les Courtes (n° 159, 1995).
Dreyfus…, *L'Atelier* et *Zone libre* (n° 314, 1998).
La nuit tous les chats sont gris (roman), (n° 447, 2000).

• Aux éditions du Seuil
Mon père, inventaire (2003).

Achevé d'imprimer
en juin 2014
par l'imprimerie XL Print & Mailing
pour le compte des éditions
ACTES SUD
Le Méjan
Place Nina-Berberova
13200 Arles

N° d'éditeur : 5941
Dépôt légal
1re édition : octobre 2005
Réimpression : juin 2014
N° d'imprimeur : P0401206/00
(Imprimé en France)